W0065112

Stefan Reimers, Gunnar Thies

PHP 5.4 und MySQL 5.5

Das umfassende Handbuch

▸ Grundlagen, Anwendung, Praxiswissen
▸ Objektorientierung, Sicherheit, MVC, inkl. CakePHP
▸ Fortgeschrittene MySQL-Techniken, Web 2.0, Datenbank-Tuning

Das Buch für ambitionierte Einsteiger und fortgeschrittene Entwickler, die umfangreiches Grundwissen in der Datenbankentwicklung und Programmierung mit PHP erhalten möchten. Die Autoren bieten Ihnen eine praxisorientierte Einführung in Techniken, Arbeitsweisen und Werkzeuge.

Das Buch ist für jeden geeignet, der bereits PHP- und MySQL-Erfahrungen sammeln konnte. [...] Während das Buch Anfängern Schritt für Schritt die Thematik näherbringt, hält es für Fortgeschrittene und Profis jede Menge Tipps bereit und stellt ein exzellentes Nachschlagewerk dar. *PHP Magazin*

1.085 S., 4. Auflage 2012, mit CD,
39,90 Euro, ISBN 978-3-8362-1876-4
www.galileocomputing.de/3045

Thomas Theis

Einstieg in PHP 5.4 und MySQL 5.5

Für Programmieranfänger geeignet

Webseiten mit PHP und MySQL: Hier lernen Sie, wie es geht! An leicht nachvollziehbaren Beispielen werden Sie Schritt für Schritt mit allen Themen der Webprogrammierung vertraut gemacht, so dass Sie Ihre eigenen Websites, Foren und Blogs mühelos selbst entwickeln können!

594 S., 8. Auflage
2012, mit CD,
19,90 Euro

ISBN 978-3-8362-1877-1
www.galileocomputing.de/3049

Carsten Möhrke

Besser PHP programmieren

Handbuch professioneller PHP-Techniken

Besser PHP programmieren bietet Know-how und Grundlagen zur Theorie des Programmierens sowie Lösungsansätze aus der Praxis. Darunter finden sich viele grundsätzliche Informationen zum Umgang mit PHP.

880 S., 4. Auflage
2012, mit DVD,
39,90 Euro

Für fortgeschrittene und professionelle PHP-Programmierer ist das Buch ein zuverlässiger und praxisnaher Begleiter. *grafiker.de*

ISBN 978-3-8362-1741-5
www.galileocomputing.de/2831

Frank Bongers, Andreas Stöckl

Einstieg in TYPO3 4.5

Inkl. Einführung in TypoScript

Als TYPO3-Einsteiger finden Sie in diesem Werk einen einfachen Zugang für einen überzeugenden Webauftritt. Schritt für Schritt erstellen Sie eine interaktive Webseite. Parallel erfahren Sie alles über Designvorlagen und Templates, Menüerstellung und wichtige Erweiterungen wie TemplaVoilà.

606 S., 5. Auflage
2011, mit DVD,
29,90 Euro

ISBN 978-3-8362-1755-2
www.galileocomputing.de/2655

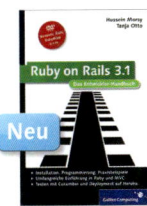

Hussein Morsy, Tanja Otto

Ruby on Rails 3.1

Das Entwickler-Handbuch

So setzen Sie Rails 3.1 effizient in Ihren Projekten ein! Von den ersten Schritten über Datenbankzugriff und E-Mail-Verwaltung bis zu Sicherheit und Performance erfahren Sie hier alles, was Sie wissen müssen. Realistische Anwendungsbeispiele stellen dabei sicher, dass Ihnen die Umsetzung in der Praxis optimal gelingt.

610 S., 2. Auflage
2012, mit DVD,
39,90 Euro

ISBN 978-3-8362-1490-2
www.galileocomputing.de/2231

Neu

730 S., 2. Auflage
2011, mit DVD,
34,90 Euro

Buchtipp!

Frank Bongers, Maximilian Vollendorf
jQuery – Das Praxisbuch

Das Buch richtet sich an Webentwickler, die mit den Grundlagen der Webentwicklung vertraut sind und sich für die Erstellung von dynamischen Websites ohne großen Programmieraufwand interessieren. Alle Methoden werden anhand von kurzen Codebeispielen ausführlich erläutert. Darüber hinaus wird auch auf mobile Geräte eingegangen. Ein gelungenes Werk zum Thema. dotnetpro, 06/2011

ISBN 978-3-8362-1810-8
www.galileocomputing.de/2930

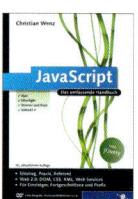

837 S., 10. Auflage
2010, mit DVD,
39,90 Euro

Buchtipp!

Christian Wenz
JavaScript
Das umfassende Handbuch

Eine gründliche Einführung und viele praktische Beispiele, das zeichnet dieses Handbuch aus! Das Kapitel zu jQuery wurde deutlich erweitert, neu hinzugekommen sind die Themen Ajax Performance und Ajax Best Practices.

Das Buch wird zu einem treuen Wegbegleiter. Von den ersten Schritten in JavaScript bis hin zu fortgeschrittenen Aufgaben. eStrategy

ISBN 978-3-8362-1678-4
www.galileocomputing.de/2481

Neu

800 S., 2. Auflage
2012, 49,90 Euro

WEBSTANDARDS
MAGAZIN
Buchtipp!

Björn Teßmann, Astrid Zanier
xt:Commerce Veyton 4
Das umfassende Handbuch

Angefangen von der professionellen Installation und Konfiguration bis hin zu Spezialthemen finden Sie in diesem Buch alles, was Sie bei der täglichen Arbeit mit xt:Commerce VEYTON 4 benötigen.

VEYTON 4 ist unglaublich umfangreich. Gerade deshalb ist es gut, dass es ein deutschsprachiges Buch gibt, das Orientierung bei der Umsetzung von Webshops bietet. Webstandards Magazin

ISBN 978-3-8362-1845-0, Mai 2012
www.galileocomputing.de/2997

416 S., 2010, mit
DVD, 29,90 Euro

Buchtipp!

Alexander Steireif,
Rouven Alexander Rieker
Magento
Installation, Anwendung, Erweiterung

Unsere Autoren bieten Ihnen einen leichten Einstieg in Ihren ersten eigenen Shop mit Magento und zeigen Ihnen praxisnah und mit vielen Beispielen Installation, Einrichtung und Erweiterung mit Modulen.

Die Autoren führen Sie Schritt für Schritt zum professionellen Webshop mit Magento. PHP Magazin

ISBN 978-3-8362-1613-5
www.galileocomputing.de/2393

442 S., 3. Auflage
2011, mit CD
24,90 Euro

Empfehlung

Thomas Theis
Einstieg in Python
Ideal für Programmieranfänger geeignet

Python lernen leicht gemacht! Schritt für Schritt entwickeln Sie ein eigenes Spiel.

Anfänger und Umsteiger profitieren von dem pädagogischen Kniff des Autors [...] anhand eines Spiels durch die Übungen zu führen: Einfacher Code wird mit der Zeit komplexer und wandert am Ende sogar auf eine Webseite. Linux Magazin

ISBN 978-3-8362-1738-5
www.galileocomputing.de/2640

Neu

1.000 S., 3. Auflage
2012, mit CD
39,90 Euro

Johannes Ernesti, Peter Kaiser
Python 3
Das umfassende Handbuch

Entdecken Sie die Möglichkeiten von Python 3. Egal, ob Sie erst anfangen, mit Python zu arbeiten oder bei ihrer Arbeit etwas nachschlagen möchten – in diesem Buch finden Sie alles, was Sie zu Python wissen müssen. Angefangen mit einer Einführung in die Sprache bietet es eine Sprachreferenz, die Beschreibung der Standardbibliothek und ausführliche Informationen zu professionellen Themen.

ISBN 978-3-8362-1925-9, Mai 2012
www.galileocomputing.de/3123

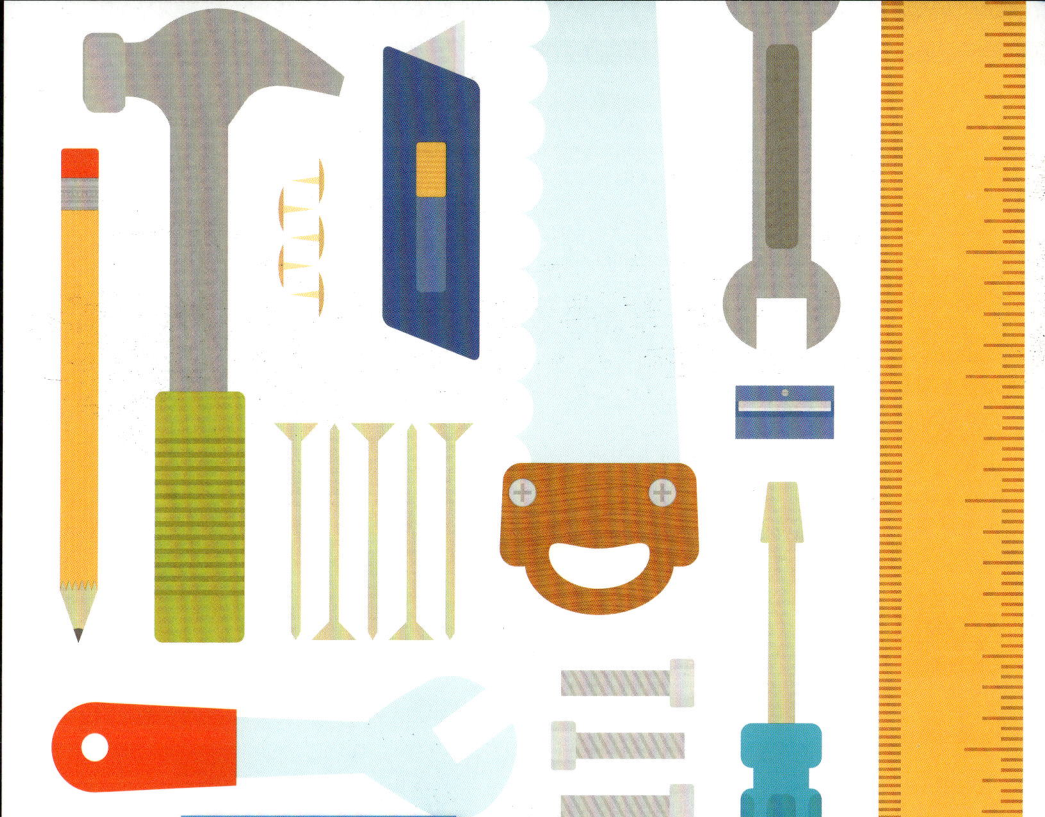

Sommer 2012

Galileo Computing

Neuheiten & Bestseller

Webdesign & Webentwicklung HTML5 & CSS3 **JavaScript** jQuery PHP & MySQL Joomla! WordPress **TYPO3** Contao Drupal **Social Media** Online-Marketing SEO **App-Entwicklung** iOS **Android** Windows Phone 7 Objective-C Cocoa **Programmierung** Java Visual Studio .NET WPF **C/C++** XML UML **Schrödinger** Administration Netzwerke & Server **Linux** OS X **Lion** Datenbanken **Virtualisierung** Excel u. v. m.

Herzlich willkommen!

Liebe Leserin,
lieber Leser,

sind Apps Ihre Sache oder eher Webentwicklung und SEO? Sind Sie auf der Suche nach guter Literatur zum SharePoint Server, zu Social Media, oder benötigen Sie wirklich gute Einsteigerliteratur zur Programmierung? Wie auch immer. Ich kann versprechen: Sie werden im neuen Katalog garantiert fündig werden. Es warten spannende Neuerscheinungen auf Sie und natürlich unsere allseits geschätzten Standardwerke.

Ein letzter Tipp: Seite 13. Diesen Typen sollten Sie kennenlernen!

Judith Stevens-Lemoine
Programmleiterin IT-Fachbuch

Inhalt

Begleiten Sie uns

f www.facebook.com/GalileoPressVerlag
  www.twitter.com/Galileo_Press
g+ gplus.to/GalileoPress

booksonline

Die Bibliothek für Ihr IT-Know-how.

Ihre **Online-Bibliothek von Galileo Computing bietet Ihnen jederzeit verlässliche Fachinformationen**, ein Internet-Zugang genügt.
Neue Bücher können Sie in unserem Webshop direkt im **günstigen Paket** kaufen. Während das gedruckte Buch noch geliefert wird, können Sie sofort in Ihrem Online-Buch lesen und arbeiten. Die Vorteile der »virtuellen Bibliothek« gelten auch für alle – bei uns noch lieferbaren – Bücher, die Sie bereits gekauft haben. Mit den **Zugangscodes** in Ihren Büchern erhalten Sie einen kostenlosen Testzugang und die Möglichkeit, Ihr Online-Buch auch **nachträglich zum Vorzugspreis** zu erwerben.

Mit einem Klick greifen Sie so auf umfangreiches IT-Wissen zurück!

» **www.GalileoComputing.de/booksonline**

Jetzt kostenlos testen!

1 Auswählen
2 Kaufen
3 Online lesen

1.000 S., 2012, mit
DVD, 39,90 Euro

Kai Surendorf, Markus Hardt

Objective-C 2.0 und Cocoa

Das umfassende Handbuch

Kai Surendorf und Markus Hardt
bieten Ihnen wertvolles Praxiswissen,
das all Ihre Fragen zu Objective-C
und Cocoa beantwortet. So finden
Sie schnell Zugang zu Kategorien,
Propertys, Protokollen, Ausnahme-
behandlung, Memory Management
oder Entwicklungswerkzeugen wie
XCode sowie Frameworks.

ISBN 978-3-8362-1658-6, August 2012
www.galileocomputing.de/2448

515 S., 2012, mit
DVD, 34,90 Euro

mobile DEVELOPER
Buchtipp!

Klaus M. Rodewig, Clemens Wagner

Apps entwickeln
für iPhone und iPad

Das Praxisbuch

Unsere Autoren zeigen Ihnen, wie Sie
schnell zur eigenen App kommen.
Dabei werden alle wichtigen Themen
in der gebotenen Tiefe mit viel Hinter-
grundwissen beschrieben. Praktische
und direkt nachvollziehbare Beispiele
helfen beim Verständnis. Aktuell zu
iOS 5 und Xcode 4.2

ISBN 978-3-8362-1463-6
www.galileocomputing.de/2191

419 S., 2011, mit
DVD, 34,90 Euro

Thomas Künneth

Android 3

Apps entwickeln mit
dem Android SDK

Sie möchten Apps für Android-
Tablets und Smartphones entwickeln?
Java-Kenntnisse vorausgesetzt, wird
Ihnen das durch die verständlichen
Erklärungen und zahlreichen Praxis-
beispiele schnell gelingen. Ob GUIs,
Datenbanken, Kamera, Multimedia,
Kontakte oder GPS – hier erfahren Sie
alles, was Sie wissen müssen! Aktuell
zu Honeycomb und Gingerbread

ISBN 978-3-8362-1697-5
www.galileocomputing.de/2516

382 S., 2012, mit
DVD, 24,90 Euro

MOBILE
TECHNOLOGY
Buchtipp!

Uwe Post

Android-Apps entwickeln

Ideal für Programmiereinsteiger
geeignet

Android-Apps programmieren ohne
Vorkenntnisse! Hier lernen Sie auf
besonders einfache und unterhaltsame Weise, wie Sie Apps für Android
entwickeln. Schritt für Schritt programmieren Sie z. B. ein eigenes Spiel,
das sich sehen lassen kann. Die benötigte Software finden Sie auf der DVD,
so dass Sie sofort loslegen können!

ISBN 978-3-8362-1813-9
www.galileocomputing.de/2950

560 S., 2012, mit
CD, 39,90 Euro

Karsten Samaschke, Oliver Branies,
Wilko Waitz

Apps entwickeln für
Windows Phone 7.5

Das Praxisbuch für Entwickler

So entwickeln Sie Apps für Windows
Phone 7! Sie lernen alle wichtigen
Tools und Techniken kennen und
erfahren, wie Sie auf die Kamera
zugreifen, Medien abspielen, Sen-
soren nutzen u. v. m. Kenntnisse in
Visual C# vorausgesetzt, werden Sie
dank der vielen Beispiele schon bald
professionelle eigene Apps veröffent-
lichen! Aktuell zu Mango

ISBN 978-3-8362-1673-9, April 2012
www.galileocomputing.de/2468

550 S., 2012, mit
DVD, 34,90 Euro

Florian Franke, Johannes Ippen

Apps mit HTML5 und CSS3

für iPad, iPhone und Android

Entdecken Sie die Möglichkeiten von
HTML5 und CSS3 für die Entwicklung
von modernen Apps. Schnell erhalten
Sie ein Gefühl für die technischen und
gestalterischen Möglichkeiten einer
mobilen Anwendung. Sie erstellen
erste Apps, gestalten Zeitschriften
und Bücher für iPad und Co. und
nutzen alle Möglichkeiten der mobilen
Geräte. Inkl. Ausbau der Apps zu
nativen Programmen und Einsatz von
JavaScript-Frameworks.

ISBN 978-3-8362-1848-1, Mai 2012
www.galileocomputing.de/3005

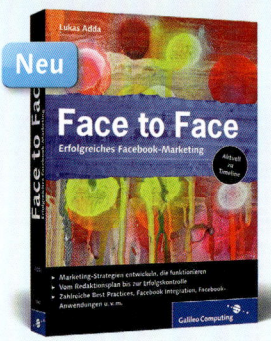

Neu

Komplett in Farbe

Lukas Adda

Face to Face

Erfolgreiches Facebook-Marketing

▸ Marketing-Strategien entwickeln, die funktionieren
▸ Vom Redaktionsplan bis zur Erfolgskontrolle
▸ Zahlreiche Best Practices, Facebook Integration, Facebooks-Anwendungen u.v.m.

Face to Face bietet einen umfassenden Überblick zum Einsatz von Facebook als Marketing-Instrument. Inkl. Definition von Zielen, Strategien und zahlreichen Best Practices. Lukas Adda stellt Ihnen auf unterhaltsame Weise Facebook vor und gibt Ihnen erprobte Strategien und kreative Denkanstöße, um erfolgreiche Social-Media-Kampagnen auf Facebook zu planen oder eine Agentur zu briefen.

Face to Face bietet mit der richtigen Mischung aus Theorie und Praxis sowohl Einsteigern als auch Fortgeschrittenen fundiertes Know-how. Philipp Roth, allfacebook.de

450 S., 2012, 29,90 Euro,
ISBN 978-3-8362-1842-9, April 2012
www.galileocomputing.de/2992

Valentina Kerst

Online-Marketing

Das umfassende Handbuch

Unerlässlich für jeden, der sich mit Online-Marketing beschäftigt. Valentia Kerst stellt Ihnen die strategischen Überlegungen zur Planung einer eigenen Online-Marketing-Kampagne vor. Behalten Sie den Überblick mit Praxisbeispielen zu allen aktuellen Trends und Methoden. Randvoll mit Informationen, aktuell und auch als Nachschlagewerk für Ausbildung, Studium und Beruf nutzbar.

Neu

900 S., 2012,
39,90 Euro

ISBN 978-3-8362-1846-7, September 2012
www.galileocomputing.de/2996

Anne Grabs, Karim-Patrick Bannour

Follow me!

Erfolgreiches Social Media Marketing mit Facebook, Twitter, Google+ und Co.

Follow me! ist aktuell als Einsteiger-Handbuch für Social Media absolut empfehlenswert. Wenn man sich als Dienstleister oder Werbetreibender mit dem Thema Social Media auseinandersetzen will, muss oder gar darf und einfach mal kompakt einen Überblick gewinnen will, dann ist dieses Buch wirklich gut. Nico Lumma

Neu

460 S., 2. Auflage
2012, 29,90 Euro

Komplett in Farbe

Buchtipp!

ISBN 978-3-8362-1862-7
www.galileocomputing.de/3028

Esther Düweke, Stefan Rabsch

Erfolgreiche Websites

SEO, SEM, Online-Marketing, Usability

Alles, was Sie für Ihren erfolgreichen Webauftritt benötigen. Zahlreiche Praxisbeispiele zeigen Ihnen anschaulich den Weg zu einer besseren Webpräsenz.

Das Buch ist ein wahrer »Rundumschlag«, wenn es um den Aufbau einer erfolgreichen Website geht. 100partnerprogramme.de

778 S., 2011, mit
DVD, 34,90 Euro

@STRATEGY
Buchtipp!

ISBN 978-3-8362-1652-4
www.galileocomputing.de/2442

Sebastian Erlhofer

Suchmaschinen-Optimierung

Das umfassende Handbuch

Das Standardwerk von Sebastian Erlhofer bietet Grundlagenwissen zur Arbeitsweise von Google und Co. und zeigt in einem umfangreichen Praxisteil, wie Ihr Internetauftritt optimiert werden kann.

Dieses Werk lässt wirklich keinen Wunsch offen. Wer das Buch komplett durchgearbeitet hat, ist wirklich fit für die Suchmaschinen-Optimierung. eStrategy

692 S., 5. Auflage
2011, 39,90 Euro

webselling
Buchtipp!

ISBN 978-3-8362-1659-3
www.galileocomputing.de/2447

Neu

600 S., 2012, mit
DVD, 39,90 Euro

Michael Kamleitner

Facebook-Programmierung

**Entwicklung von Social Apps und
Websites für die Facebook-Plattform**

Michael Kamleitner von der Agentur
»Die Socialisten« führt Sie Schritt für
Schritt in die (auch fortgeschrittenen)
Konzepte der Facebook-Anwendungs-
Entwicklung mit vielen Praxisbeispie-
len ein. Die offene Architektur von
Facebook bietet viele Möglichkeiten
der Individualisierung sowie der Inte-
gration eigener Webanwendungen.
Aktuell zu Timeline!

ISBN 978-3-8362-1843-6, April 2012
www.galileocomputing.de/2991

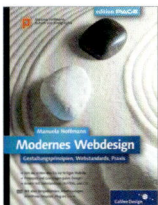

397 S., 2. Auflage
2010, mit DVD,
39,90 Euro

Manuela Hoffmann

Modernes Webdesign

**Gestaltungsprinzipien, Webstandards,
Praxis**

Ein Wegweiser für modernes Webdesign, der gleichzeitig Praxis, Anleitung
und Inspiration liefert.

Das Buch »Modernes Webdesign«
greift alle wichtigen Themen des
Webdesigns auf und beschreibt den
vollständigen Entwicklungsprozess
von der ersten Idee bis zur fertigen
Website. Die Leistung der Autorin ist
ganz klar mit sehr gut zu bewerten.
dotnetpro, 08/2010

ISBN 978-3-8362-1502-2
www.galileodesign.de/2244

804 S., 2011, mit
DVD und Referenz-
karte, 39,90 Euro

Kai Laborenz

CSS

Das umfassende Handbuch

Endlich findet sich das vollständige
Wissen zu CSS und Co. in einem
Band. Einsteiger erhalten eine
fundierte Einführung, professionelle
Webentwickler einen Überblick über
alle CSS-Technologien und Praxislösungen für CSS-Layouts sowie Tipps,
um aus dem täglichen Webeinerlei
herauszukommen. Inkl. HTML5 und
CSS3

ISBN 978-3-8362-1725-5
www.galileocomputing.de/2556

444 S., 2011, mit
DVD, 39,90 Euro

Buchtipp!

Heiko Stiegert

Modernes Webdesign mit CSS

**Schritt für Schritt zur perfekten
Website**

In ausführlichen Praxisworkshops
zeigt Ihnen Heiko Stiegert, wie Sie
moderne und professionelle Webdesigns standardkonform mit CSS
realisieren. An attraktiven Beispielen
wird dazu die Gestaltung einzelner
Seitenelemente und das Layout unter-
schiedlicher Websites demonstriert.
Zahlreiche Profi-Tipps und -Tricks
lassen garantiert keine Frage offen!

ISBN 978-3-8362-1666-1
www.galileodesign.de/2455

Neu

454 S., 3. Auflage 2012, mit DVD,
44,90 Euro, ISBN 978-3-8362-1695-1
www.galileocomputing.de/2511

Ingo Chao, Corina Rudel

Fortgeschrittene CSS-Techniken

Komplett in Farbe

Inkl. Debugging und Performance-Optimierung

▸ CSS-Prinzipien verstehen und sicher anwenden
▸ Analyse und Fehlerbehebung von CSS-Layouts, inkl. IE 9 und CSS3
▸ Verschachtelte Navigationslisten, Mehrspaltenlayouts, Typografie u. v. m.

Da für die Erzielung einfacher Effekte
mit CSS oftmals eine große Menge
an Wissen benötigt wird, führen die
Autoren den Leser verständlich in die
Thematik ein. Der Weg führt dabei
von der kompakten Darstellung der
Grundlagen über Browserbefehle und
Debugging-Methoden hin zur sicheren

Anwendung der einzelnen Techniken.
In den Workshops und in den anderen
Beispielen profitiert der Leser durchge-
hend von den Erfahrungen der Autoren und bekommt zahlreiche Tipps
und Tricks. Insgesamt ein rundum
gelungenes Paket zum Einsatz von CSS.
dotnetpro zur Vorauflage, 04/2010

597 S., 2012, mit CD,
29,90 Euro

Alexander Hetzel

WordPress 3

Das umfassende Handbuch

Unser Buch bietet Unterstützung bei jeder Frage im Umgang mit Word-Press. Inkl. Einbindung von Social Media-Diensten und SEO

Auf fast 600 Seiten wird all das behandelt, was einen zukünftigen »Blogprofi« ausmacht: Von der Installation über die Administration, das Design, Plugins, der grundlegenden SEO bis hin zum Marketing gelingt dem Autor ein sehr guter »Rundumschlag«. blogprofis

ISBN 978-3-8362-1727-9
www.galileocomputing.de/2559

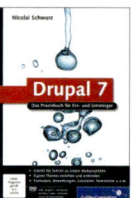

469 S., 2011, mit
DVD, 34,90 Euro

Nicolai Schwarz

Drupal 7

Das Praxisbuch für Ein- und Umsteiger

Praktisch und verständlich begleitet Sie dieses Buch auf dem Weg zu Ihrer Website mit Drupal. In der Version 7 ist das CMS mit zahlreichen überzeugenden Funktionen ausgestattet worden. Sie erfahren, wie Sie das System installieren und die zahlreichen Module nutzen oder das Layout individuell anpassen können.

ISBN 978-3-8362-1344-8
www.galileocomputing.de/2009

627 S., 2. Auflage
2012, mit CD,
34,90 Euro

Buchtipp!

Peter Müller

Websites erstellen mit Contao

Peter Müller stellt mit vielen Praxisbeispielen Installation, Konfiguration und Administration von Contao vor. Sein unnachahmlicher Stil verspricht schnellen Lernerfolg und Unterhaltung auf jeder Seite. Noch nie hat das Erlernen eines CMS so viel Spaß gemacht und ging so leicht von der Hand! Praxisnah und ausführlich

Wer einen guten und vor allem verständlichen Einstieg sucht, kommt um dieses Buch nicht herum. XHTML Forum

ISBN 978-3-8362-1814-6
www.galileocomputing.de/2748

400 S., 2012, mit
DVD, 29,90 Euro

Stephan Brey

Joomla!-Templates

Sie wollen das Aussehen Ihrer Website verändern und nicht mehr nur die Standard-Templates von Joomla! verwenden? Stephan Brey zeigt Ihnen die Möglichkeiten zur Entwicklung eines eigenen Layouts. Angefangen bei der Arbeit mit dem richtigen Werkzeug und der Anpassung eines Standard-Templates bis hin zur Entwicklung eines eigenen Templates.

ISBN 978-3-8362-1824-5, Mai 2012
www.galileocomputing.de/2968

910 S., 4. Auflage
2012, mit DVD,
39,90 Euro

Anja Ebersbach, Markus Glaser,
Radovan Kubani

Joomla! 2.5

Das umfassende Handbuch

Seit vielen Jahren das Standardwerk zu Joomla! Es bietet Ihnen eine umfassende Einführung in Installation, Funktionsumfang und Betrieb von Joomla!. Darüber hinaus werden auch professionelle Themen wie Website-Migration, Entwicklung von Erweiterungen und Datensicherung detailliert dargestellt.

ISBN 978-3-8362-1616-6
www.galileocomputing.de/2390

300 S., 3. Auflage
2012, mit CD,
19,90 Euro

Anja Ebersbach, Markus Glaser,
Radovan Kubani

Joomla! 2.5 für Einsteiger

Wenn Sie bisher keine Erfahrung in der Webentwicklung haben, sind Sie bei diesem Buch genau richtig. Ausführlich werden Sie durch die Installation und die Grundlagen von Joomla! geführt. Umfangreiche Praxisbeispiele helfen Ihnen dabei, Gelerntes zu verstehen und für Ihre eigene Webseite einzusetzen.

ISBN 978-3-8362-1926-6
www.galileocomputing.de/3128

Neu

1.172 S., 5. Auflage 2011, 34,90 Euro
ISBN 978-3-8362-1744-6
www.galileocomputing.de/2839

Sascha Kersken

IT-Handbuch für Fachinformatiker

Der Ausbildungsbegleiter

 **CHIP** *Buchtipp!*

▸ EDV-Grundlagen, Programmierung, Mediengestaltung
▸ Praxisorientiertes Lehr- und Nachschlagewerk
▸ Für die Fachbereiche Anwendungsentwicklung und Systemintegration

Das Buch vermittelt alle Grundlagen der Informationstechnik, wie sie Fachinformatiker in ihrer Ausbildung benötigen: Computerhardware, Betriebssysteme, Netzwerktechnik, -protokolle und -anwendungen sowie Grundlagen der Programmierung, Datenbanken und Multimedia.

Die Herausforderung, das gesamte IT-Grundwissen in dieses Buch zu packen, ist dem Autor sehr gut gelungen: so ausführlich wie möglich, so kompakt wie nötig. Jedem Einsteiger in die IT-Welt sollte das Buch als Begleiter dienen. CHIP

Neu

370 S., 2012,
24,90 Euro

Harald Zisler

Computer-Netzwerke

Grundlagen, Funktionsweise, Anwendung

Als beruflicher Anwender, Student oder Auszubildender benötigen Sie Grundlagenwissen der modernen Netzwerk-Technik. Zusammen mit vielen Praxistipps erfahren Sie hier alles über das OSI-Modell, VLANs, VPN und Funknetze und einzelne Netzzugangsszenarien wie ISDN, DSL, Glasfaser und Serverhosting von A bis Z.

ISBN 978-3-8362-1698-2
www.galileocomputing.de/2515

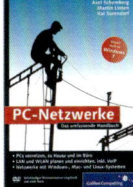

659 S., 5. Auflage
2010, mit DVD,
29,90 Euro

i'administrator
Buchtipp!

Axel Schemberg, Martin Linten, Kai Surendorf

PC-Netzwerke

Mit VoIP (Voice over IP), Asterisk und Skype. Aktuell zu Windows 7

Bewährt, praxisnah und randvoll mit wertvollen Informationen – dabei erhalten Sie nicht nur umfassende Grundlagen der Vernetzung, sondern auch Praxis-Anleitungen, mit denen Sie Ihre Computer zu Hause oder im Büro professionell vernetzen. Inkl. Vernetzung Mac und PC.

ISBN 978-3-8362-1105-5
www.galileocomputing.de/1618

325 S., 4. Auflage
2011, mit CD und
Referenzkarte,
24,90 Euro

Buchtipp!

Marcus Throll, Oliver Bartosch

Einstieg in SQL

Verstehen, einsetzen, nachschlagen

Eine übersichtliche Strukturierung, zahlreiche Praxisbeispiele und die Übungssoftware auf CD machen dieses Buch zum perfekten Lehrwerk für Universität und beruflichen Einsatz. Von der Anlage der Datenbank über Abfragen bis zur Arbeit mit Rechteverwaltung und Automatisierung. Auch zum Selbststudium geeignet

ISBN 978-3-8362-1699-9
www.galileocomputing.de/2514

Neu

304 S., 2011,
34,90 Euro

LINUX MAGAZIN
Empfehlung

Andreas Wenk, Till Klampäckel

CouchDB

Das Praxisbuch für Entwickler und Administratoren

Anhand zahlreicher Beispiele lernen Sie den sicheren Umgang mit der RESTful API. Außerdem erfahren Sie alles über Map/Reduce, Show und List Functions, Administration, Skalierung, CouchApps und viele weitere Themen.

Diesen Titel kann man als gelungene Einführung ins Thema und als Community-Buch bezeichnen.
Linux Magazin

ISBN 978-3-8362-1670-8
www.galileocomputing.de/2462

App-Entwicklung

**Apps entwickeln für
iPhone und iPad**

Der professionelle Einstieg
in die iOS-Entwicklung

8 Stunden Spielzeit, 39,90 Euro
ISBN 978-3-8362-1859-7
www.galileocomputing.de/3025

**Apps entwickeln für
Android 4**

Das umfassende Training

16 Stunden Spielzeit, 39,90 Euro
ISBN 978-3-8362-1815-3
www.galileocomputing.de/2955

Programmierung & Administration

Java 7

Das umfassende Training

12 Stunden Spielzeit, 39,90 Euro
ISBN 978-3-8362-1919-8
www.galileocomputing.de/3104

C++ programmieren

Der umfassende Lernkurs

12 Stunden Spielzeit, 39,90 Euro
ISBN 978-3-8362-1635-7
www.galileocomputing.de/2418

Visual C# 2010

Das umfassende Training

9 Stunden Spielzeit, 39,90 Euro
ISBN 978-3-8362-1608-1
www.galileocomputing.de/2384

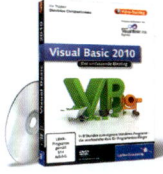

Visual Basic 2010

Der umfassende Einstieg

8 Stunden Spielzeit, 34,90 Euro
ISBN 978-3-8362-1640-1
www.galileocomputing.de/2423

**Spielend
programmieren lernen**

Mit C# und AntMe!

7 Stunden Spielzeit, 29,90 Euro
ISBN 978-3-8362-1764-4
www.galileocomputing.de/2867

PHP 5.4 und MySQL 5.5

Der umfassende Einstieg

10 Stunden Spielzeit, 39,90 Euro
ISBN 978-3-8362-1868-9, Juni 2012
www.galileocomputing.de/3038

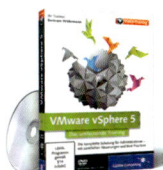

VMware vSphere 5

Das umfassende Training

13 Stunden Spielzeit, 69,90 Euro
ISBN 978-3-8362-1856-6
www.galileocomputing.de/3019

SharePoint Server 2010

Das Training für Administratoren und Berater

10 Stunden Spielzeit, 59,90 Euro
ISBN 978-3-8362-1869-6
www.galileocomputing.de/3039

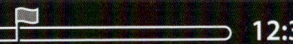 12:35

Neu

Torsten T. Will

C++11 programmieren

60 Techniken für guten C++11-Code

▸ Neues in Sprachkern und Standardbibliothek
▸ Von »auto« bis Zufall, von Movesemantik bis Multithreading
▸ Die Dos und Don'ts der C++-Programmierung

Mit C++11 ist wahrlich eine Generalüberholung des C++-Standards gelungen! Dieses Buch bietet eine praktische Anleitung für den Einsatz von C++11. Es behandelt die wesentlichen Neuerungen in Sprachkern und Standardbibliothek. Die Kapitel folgen dabei einem strengen Prinzip: Hintergrund und Erklärung, Beispielcode, Interaktion und Vernetzung mit weiteren C++-Neuerungen und schließlich das Mantra, dass das Gelernte auf den Punkt bringt. Genau die richtige Lektüre für C++-Entwickler oder Umsteiger von anderen objektorientierten Sprachen.

400 S., 2012, 29,90 Euro
ISBN 978-3-8362-1732-3
www.galileocomputing.de/2824

Jürgen Wolf

C++ von A bis Z

Das umfassende Handbuch

Dieses Buch ist als Lehr- und Nachschlagewerk angelegt: Es bietet einen sehr ausführlichen Einstieg in die Sprache C++ und die Objektorientierung. Darüber hinaus enthält es Kapitel zu Socketprogrammierung und Cross-Plattform-Entwicklung oder GUI- und Multimedia-Entwicklung. Das ausgewogene didaktische Konzept macht es zu einem unentbehrlichen Begleiter in Studium und Beruf.

1.247 S., 2. Auflage
2009, mit CD,
39,90 Euro

ISBN 978-3-8362-1429-2
www.galileocomputing.de/2156

Arnold Willemer

Einstieg in C++

4. Auflage

Sie suchen einen fundierten und gut verständlichen Einstieg in C++? Dann ist dieses Buch das Richtige für Sie. Von den Sprachgrundlagen und der objektorientierten Programmierung bis zu fortgeschrittenen Themen wie der STL lernen Sie an vielen Beispielen und Übungen alles, was Sie wissen müssen!

509 S., 4. Auflage
2009, mit CD,
24,90 Euro

ISBN 978-3-8362-1385-1
www.galileocomputing.de/2083

Jürgen Wolf

C von A bis Z

Das umfassende Handbuch

Alle wesentlichen Aspekte der Sprache werden tiefgehend dargestellt und durch gute Abbildungen unterstützt. Der Autor blickt aber über den Tellerrand hinaus und widmet den Themen Algorithmen, Datenbankprogrammierung, paralleles Rechnen und Netzwerkprogrammierung ein eigenes Kapitel. Zielgruppe dieses Buches sind Einsteiger und Fortgeschrittene.
dot.NET Magazin

1.190 S., 3. Auflage
2009, mit CD und
Referenzkarte,
39,90 Euro

dotnetpro
Buchtipp!

ISBN 978-3-8362-1411-7
www.galileocomputing.de/2132

Schrödinger programmiert...

Die neue Fachbuchdimension

Schrödinger ist unser Mann fürs Programmieren!

Eigentlich der perfekte Partner um endlich mal gründlich C++ zu lernen...

Ein Traum! Die volle Packung C++. Die nötige Theorie, viele Hinweise und Tipps [im Büro], Unmengen von gutem, aber auch schlechtem Code, der verbessert und repariert werden will [in der Werkstatt] mit viel Kaffee und Übungen und den verdienten Pausen [zuhause im Wohnzimmer].

Und mittendrin ist Schrödinger, und natürlich Du!

Matthias Geirhos

Professionell entwickeln mit Visual C# 2010

Das Praxisbuch

▸ Alle Phasen vom Entwurf bis zum Deployment
▸ Best Practices, echte Fallbeispiele, Technologieempfehlungen
▸ Inkl. objektorientierte Analyse und Design, SOA, TPL, Debugging, Refactoring, Transaktionen, LINQ, ADO.NET, Performance, Unit Tests u. v. m.

Das Buch ist ein Kraftpaket: Von der Planung, Konzeption, Vorbereitung, Testerstellung bis hin zur Veröffentlichung – Geirhos öffnet Bände des Wissens und der Berufserfahrung. Diese leicht zu lesende und zugleich spannende Lektüre hat sein Eigengewicht redlich verdient.

Geirhos eröffnet Wege zur eigenen Verbesserung von angewendeten Methoden und Wissen. Die Praxisbeispiele eröffnen uns wichtige Einblicke, warum etwas in seiner Gesamtheit gut oder weniger hilfreich ist. Dieses Buch gehört definitiv ins Regal eines C#-Programmierers. MCSE Magazine

896 S., 2011, mit CD, 49,90 Euro
ISBN 978-3-8362-1474-2
www.galileocomputing.de/2212

1.295 S., 5. Auflage 2010, mit DVD, 49,90 Euro

Buchtipp!

Andreas Kühnel

Visual C# 2010

Das umfassende Handbuch

Der ideale Begleiter für Ihre tägliche Arbeit! Hier finden Sie geballtes C#-Wissen: von den Sprachgrundlagen und OOP über Klassendesign, LINQ und Multithreading bis zur Oberflächenentwicklung mit WPF und Datenbankanbindung mit ADO.NET.

Auf knapp 1.300 Seiten verspricht der Autor alles, was der Leser für die tägliche Arbeit mit C# wissen muss. iX Programmieren heute

ISBN 978-3-8362-1552-7
www.galileocomputing.de/2322

467 S., 2010, mit DVD, 24,90 Euro

dotnetpro
Buchtipp!

Thomas Theis

Einstieg in Visual C# 2010

Inkl. Visual Studio Express Editions

Thomas Theis führt den Leser mit seinem Buch auf klassische und leicht verständliche Weise in die Programmiersprache C# ein. Das Buch richtet sich gezielt an angehende Entwickler. Durch die zahlreichen Schritt-für-Schritt-Anleitungen und Übungsaufgaben eignet sich das Buch sehr gut zum Selbststudium. dotnetpro, 09/2010

ISBN 978-3-8362-1611-1
www.galileocomputing.de/2386

396 S., 2012, mit DVD, 24,90 Euro

André Willms

Spielend Visual Basic lernen

... oder wie die Bugs das Laufen lernen

Dieses Buch richtet sich an alle, die auf spielerische Weise Visual Basic oder ganz allgemein programmieren lernen möchten. Sie steuern einen Käfer mit selbstgeschriebenen Programmen durch Spieleparcours, die immer kniffliger werden. Alles, was Sie dafür an VB-Grundlagen brauchen, lernen Sie in diesem Buch.

ISBN 978-3-8362-1828-3
www.galileocomputing.de/2973

---

467 S., 2. Auflage 2010, mit DVD, 24,90 Euro

dotnetpro
Buchtipp!

Thomas Theis

Einstieg in Visual Basic 2010

Inkl. Visual Studio Express Editions

Sie möchten Visual Basic lernen? Von den Grundlagen über die OOP bis hin zu Datenbank- und Internetanwendungen werden alle wichtigen Themen erläutert.

Der Programmierkurs führt den Leser vom Basiswissen für Einsteiger bis zu grundlegenden Kenntnissen im Umgang mit Datenbanken und der Webprogrammierung und verdient dafür die Note gut. dotnetpro, 08/2010

ISBN 978-3-8362-1541-1
www.galileocomputing.de/2307

Empfehlung: **Spielend C++ lernen**
www.galileocomputing.de/2958

Bernhard Wurm
Programmieren lernen!
Schritt für Schritt zum ersten Programm

Sie wünschen sich einen leichten Einstieg in die Programmierung? Sie wollen kleine Programme schreiben und das Erfolgserlebnis haben, dass alles fehlerfrei läuft? Hier lernen Sie, wie ein Programm wirklich funktioniert. Ganz nebenbei lernen Sie die Syntax der Sprache C# kennen. So macht Programmieren Spaß!

340 S., 2010, mit DVD, 24,90 Euro

ISBN 978-3-8362-1462-9
www.galileocomputing.de/2197

H. R. Wieland
Computergeschichte(n) – nicht nur für Geeks
Von Antikythera zur Cloud

Eine spannende Reise durch die Geschichte der Hardware und Software-Entwicklung, in deren Verlauf vielfältige Computeranwendungen vorgestellt werden – die kann Laien wie Fachleute schon ins Schwelgen bringen. Ein tolles Buch, populärwissenschaftlich im besten Sinne, spannend und lehrreich [...]: Ein guter Kandidat zum Verschenken und Sich-selber-Schenken. c't

605 S., 2011, mit DVD, 29,90 Euro

Buchtipp!

ISBN 978-3-8362-1527-5
www.galileocomputing.de/2285

André Willms
Visual C++ 2010
Das umfassende Handbuch

Alles, was Sie für Ihre tägliche Arbeit mit Visual C++ 2010 wissen müssen, finden Sie in diesem Buch. Egal, ob objektorientierte Programmierung mit ANSI-C++ und C++/CLI, GUI- und Datenbankentwicklung oder die professionelle Entwicklung mit Visual Studio – alles wird verständlich und an typischen Beispielen erklärt.

931 S., 2011, mit DVD, 49,90 Euro

msdn
Buchtipp!

ISBN 978-3-8362-1639-5
www.galileocomputing.de/2422

Neu

Thomas Theis
Einstieg in WPF
Grundlagen und Praxis

Der praktische Schnelleinstieg für alle, die WPF kennenlernen und schnell produktiv einsetzen möchten. Sie erfahren, wie Sie Benutzeroberflächen entwickeln, Grafiken und Animationen erstellen, Multimediadateien einbinden, mit Dokumenten arbeiten u. v. m. Inkl. Umstieg von Windows Forms

483 S., 2012, mit DVD, 29,90 Euro

ISBN 978-3-8362-1776-7
www.galileocomputing.de/2882

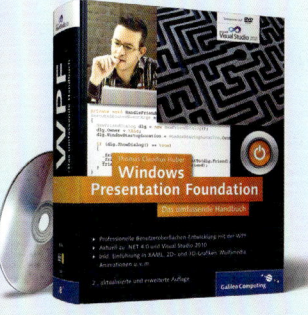

1.236 S., 2. Auflage 2010, mit DVD und Referenzkarte, 49,90 Euro
ISBN 978-3-8362-1538-1
www.galileocomputing.de/2304

Thomas Claudius Huber
Windows Presentation Foundation
Das umfassende Handbuch

dotnetpro
Buchtipp!

▸ Professionelle Benutzeroberflächen-Entwicklung mit der WPF
▸ Aktuell zu .NET 4.0 und Visual Studio 2010
▸ Inkl. Einführung in XAML, 2D- und 3D-Grafiken, Multimedia, Animationen u. v. m.

Geballtes Wissen zum Grafik-Framework von .NET! Ob Grundlagen, XAML, GUI-Entwicklung, Datenbindung, Animationen, Multimedia oder Migration – hier finden Sie auf jede Frage eine Antwort! Grundkenntnisse in C# vorausgesetzt, ist dieses Buch sowohl zum Einstieg als auch als Nachschlagewerk optimal geeignet.

Thomas Claudius Huber setzt sich auf mehr als 1.200 Seiten mit dem Thema auseinander. Das Buch unterstützt den Leser als Nachschlagewerk bei der Programmierung, bis man mit WPF sicher umgehen kann.
dot.NET Magazin

Florian Siebler

Einführung in Java mit BlueJ

Objektorientierte Programmierung für Einsteiger

Sie suchen einen verständlichen und gründlichen Einstieg in die objektorientierte Programmierung mit Java? Dann werden Sie in diesem Buch alles finden, was Sie benötigen: von den Grundlagen über die OOP bis zur Oberflächenentwicklung und vielen weiterführenden Themen. Das Buch ist auch als Kursgrundlage geeignet.

658 S., 2011, mit DVD, 29,90 Euro

ISBN 978-3-8362-1630-2
www.galileocomputing.de/2411

Bernhard Steppan

Einstieg in Java 7

Eine professionelle und umfassende Einführung

Java verstehen und anwenden, das ist Ihr Ziel! Unser umfassender Einstieg in Java hält das theoretische und praktische Rüstzeug für Sie bereit. Aktuell zu Java 7

Der Leser lernt neben den Grundbegriffen und den wichtigsten Sprachelementen den Ansatz der objektorientierten Programmierung kennen.
IT-Administrator

605 S., 4. Auflage 2012, 19,90 Euro

Buchtipp!

ISBN 978-3-8362-1662-3
www.galileocomputing.de/2452

Neu

Hans-Peter Habelitz

Programmieren lernen mit Java 7

Keine Vorkenntnisse erforderlich

Dieser Programmierkurs ist genau das Richtige für Programmiereinsteiger mit geringen oder gar keinen Vorkenntnissen. Sie lernen in überschaubaren Lerneinheiten das Programmieren mit der populären Sprache Java. Alle wichtigen Programmierthemen werden behandelt, so dass Sie schnell eigene kleine Java-Programme schreiben werden.

450 S., 2012, mit DVD, 19,90 Euro

ISBN 978-3-8362-1788-0, April 2012
www.galileocomputing.de/2894

Neu

Thomas Künneth, Yvonne Wolf

Einstieg in Eclipse 3.7

Aktuell zu Indigo und Java 7

Effiziente Java-Entwicklung mit Eclipse: Dieses Buch zeigt Ihnen, wie Sie die Möglichkeiten von Eclipse voll nutzen. Ob Grundlagen, Testen, Plugin- und RCP-Entwicklung, GUI- oder Web-Entwicklung – Sie lernen alles an anschaulichen Praxisbeispielen, so dass Ihnen die Umsetzung in Ihren Projekten mühelos gelingen wird!

418 S., 4. Auflage 2012, mit DVD, 34,90 Euro

Buchtipp!

ISBN 978-3-8362-1668-5
www.galileocomputing.de/2463

Neu

Christian Ullenboom

Java 7 – Mehr als eine Insel

Das Handbuch zu den Java SE-Bibliotheken

▸ Fortgeschrittene Themen in bewährter Insel-Qualität
▸ Java im täglichen Einsatz
▸ Aktuell zu Java 7

Die Fortsetzung des Java-Kultbuchs für Entwickler! Hier bekommen Sie umfassendes und kompetentes Praxiswissen zu den vielen Bibliotheken und Technologien in einem Band. Am Beispiel konkreter Java-Projekte zeigt Christian Ullenboom, was man wissen muss über Swing, Netzwerk- und Grafikprogrammierung, RMI und Web-Services, JavaServer Pages und Servlets, Applets, JDBC, Reflection und Annotationen, Logging und Monitoring, Java Native Interface (JNI) und vieles mehr. Dieses Buch ist Ihr unersetzlicher Begleiter bei der täglichen Arbeit!

1.433 S., 2012, 49,90 Euro
ISBN 978-3-8362-1507-7
www.galileocomputing.de/2253

Christian Ullenboom

Java ist auch eine Insel

Das umfassende Handbuch

Buchtipp!

▸ Einführung, Praxis, Referenz, aktuell zu Java 7
▸ Von Klassen und Objekten zu Datenstrukturen und Algorithmen
▸ Java verstehen und anwenden

1.308 S., 10. Auflage 2012,
mit DVD, 49,90 Euro
ISBN 978-3-8362-1802-3
www.galileocomputing.de/2672

Die 10. Auflage des Java-Kultbuches wurde gründlich überarbeitet zur Java-Version 7. Besonders Java-Einsteiger, Studenten und Umsteiger profitieren von diesem umfassenden Standardwerk. Die Einführung in die Sprache Java ist anschaulich und konsequent praxisorientiert. Die »Insel« lässt auch in dieser Auflage keine Wünsche offen: Neben der Behandlung der Sprache Java gibt es kompakte Einführungen in Spezialthemen. So erfahren Sie einiges über Threads, Swing, Netzwerkprogrammierung, NetBeans, RMI, XML und Java, Servlets und Java Server Pages, JDBC u.v.m.

Heiko Böck

NetBeans Platform 7

Das umfassende Handbuch

Heiko Böck beschreibt ausführlich den Aufbau der Plattform, das Zusammenspiel der Komponenten, die verschiedenen Anzeigemöglichkeiten und wie Sie das alles für Ihre eigene Anwendung nutzen. Dabei wechseln sich Erläuterungen und Tutorial-artige Abschnitte ab. Da jedes Kapitel eine thematische Einheit bildet, kann das Buch sehr gut als Referenz genutzt werden. So finden Sie schnell den Einstieg in die Rich-Client-Entwicklung. Java Magazin

670 S., 2. Auflage
2011, 49,90 Euro

Javamagazin
Empfehlung

ISBN 978-3-8362-1731-6
www.galileocomputing.de/2620

Bernhard Lahres, Gregor Rayman

Objektorientierte Programmierung

Das umfassende Handbuch

Sie möchten sich von Grund auf in die objektorientierte Programmierung einarbeiten? In diesem Buch werden die Prinzipien anschaulich und verständlich an vielen typischen Beispielen erklärt. Ein größeres Projekt dient dabei der Orientierung, so dass Sie die OOP-Prinzipien in Zukunft konsequent umsetzen werden!

656 S., 2. Auflage
2009, 49,90 Euro

ISBN 978-3-8362-1401-8
www.galileocomputing.de/2103

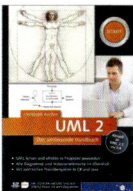

Christoph Kecher

UML 2

Das umfassende Handbuch

Von den Grundlagen bis zum professionellen Einsatz erfahren Sie alles, was Sie für eine erfolgreiche Softwareentwicklung wissen müssen. Die UML 2-Superstructure, alle Diagrammtypen, Konzepte und Elemente werden ausführlich vorgestellt und jederzeit durch Praxisbeispiele veranschaulicht. Das Buch behandelt den aktuellen UML-Standard.

448 S., 4. Auflage
2011, mit CD und
Poster, 29,90 Euro

ISBN 978-3-8362-1752-1
www.galileocomputing.de/2647

Helmut Vonhoegen

Einstieg in XML

Grundlagen, Praxis, Referenz

XML für Anwendungsentwicklung und E-Publishing! Leicht nachvollziehbar und mit vielen Praxisbeispielen lernen Sie alle wichtigen Themen kennen, wie z.B. Validierung mit DTD und XML Schema, Transformation mit XSLT, Formatierung mit CSS und XSL, Mapping mit Datenbanken, die Programmierschnittstellen DOM und SAX u.v.m.

619 S., 6. Auflage
2011, mit CD,
34,90 Euro

Wer sich beruflich in XML einarbeiten will, kommt an diesem neuen Standardbuch nicht vorbei. Media-Mania

ISBN 978-3-8362-1711-8
www.galileocomputing.de/2530

Ulrich B. Boddenberg

Microsoft SharePoint Server 2010 und SharePoint Foundation 2010

Das Lösungsbuch für Administratoren und Entwickler

▸ Planen, Einrichten und Betreiben von SharePoint
▸ Business Intelligence, Collaboration, Portale, Informationskonsolidierung
▸ Entwickeln für SharePoint

1.269 S., 3. Auflage 2012, 59,90 Euro
ISBN 978-3-8362-1655-5
www.galileocomputing.de/2445

Ihr zuverlässiger Begleiter, wenn Sie sich als Administrator, Entwickler oder Berater mit dem Einsatz von SharePoint beschäftigen. Ob Workflows, (Daten-)Integration, Entwicklung, Web-Content-Management oder Enterprise Search: Hier finden Sie alles!

Der »Boddenberg« ist aus meiner Sicht seit einigen Jahren das deutschsprachige Standardwerk. Gewohnt locker geschrieben und gespickt mit wertvollen Hinweisen aus der Praxis. SharePoint-Bücher Blog

---

Ulrich B. Boddenberg

Microsoft SharePoint 2010

Customizing, Design und Publishing

Jetzt gestalten Sie Ihre SharePoint-Projekte funktional und optisch ansprechend! Dieses Buch vermittelt Ihnen die Grundlagen und fortgeschrittene Kenntnisse zu SharePoint, ASP.NET Masterpages, CSS-Layouts und dem Einsatz von SharePoint Designer. Konkrete Projektbeispiele führen Sie von ersten Anpassungen zur Gestaltung ganzer Webseiten, Anpassungen der Publishing Infrastructure, Verbesserung von Workflows u. v. m.

500 S., 2012,
49,90 Euro

ISBN 978-3-8362-1417-9, Mai 2012
www.galileocomputing.de/2131

Jan Henrik Boltz, Peggy Hoffmann

Business Intelligence mit SharePoint 2010

Inklusive SQL Server 2008 R2

Poweruser und Administratoren erfahren in diesem Buch, wie sie die BI-Funktionen, die SharePoint bietet, optimal nutzen und bereitstellen.

625 S., 2011,
59,90 Euro

Buchtipp!

Es macht nicht nur Appetit, sondern liefert auch leckere Rezepte. Das Schwerpunktthema wurde gewissenhaft umgesetzt. Das Buch richtet sich an Anwender, Admins und ist durchaus auch für BI-fremde Systemarchitekten und Planer geeignet. SharePoint Magazin

ISBN 978-3-8362-1660-9
www.galileocomputing.de/2449

Fabian Moritz, René Hézser

Praxisbuch SharePoint-Entwicklung

Aktuell zu SharePoint 2010

Nutzen Sie als Entwickler SharePoint als Ihre Entwicklungsplattform! Ob Sie die Grundlagen oder fortgeschrittene Techniken erlernen wollen: Mit diesem Praxisbuch setzen Sie benutzerdefinierte SharePoint-Foundation-Anwendungen um und entwickeln Benutzeroberflächen, Zusammenarbeits-, Workflow- oder Business-Lösungen. Inkl. Praxisbeispiele und Best Practices

543 S., 2011,
49,90 Euro

Buchtipp!

ISBN 978-3-8362-1468-1
www.galileocomputing.de/2204

Stefan Pröll, Eva Zangerle, Wolfgang Gassler

MySQL

Das Handbuch für Administratoren

Wie Sie als Administrator MySQL installieren, konfigurieren und in der Praxis verwalten, erfahren Sie hier. Von Performance- und Abfrageoptimierung über Zusatz-Tools bis hin zur Sicherheit. Inkl. umfassender Befehlsreferenz zum Nachschlagen und großer Beispieldatenbank auf DVD

750 S., 2011, mit
DVD, 49,90 Euro

Buchtipp!

Das Fachbuch kann als Kompendium für MySQL betrachtet werden. Der Webdesigner

ISBN 978-3-8362-1715-6
www.galileocomputing.de/2533

1.410 S., 3. Auflage
2010, 59,90 Euro

Buchtipp!

Ulrich B. Boddenberg
Windows Server 2008 R2
Das umfassende Handbuch

Ein Muss für jeden Administrator: Ob Hyper-V, Active Directory, Remote-desktopdienste, IIS, SharePoint Services, Hochverfügbarkeit oder Sicherheit: Mit diesem Handbuch erledigen Sie alle Aufgaben.

Wer Windows Server 2008 R2 professionell einsetzt, wird nicht auf ein umfassendes Nachschlagewerk verzichten wollen. Das Buch erfüllt alle Ansprüche, die der Leser an so einen Titel stellen kann. IT-Administrator

ISBN 978-3-8362-1528-2
www.galileocomputing.de/2286

804 S., 2010,
49,90 Euro

Buchtipp!

Ulrich B. Boddenberg
**Windows 7
für Administratoren**
Das umfassende Handbuch

Der Autor liefert Ihnen die techni-schen Grundlagen zu allen zentralen Themen wie Deployment, Sicherheit, Management mit Gruppenrichtlinien, Anbindung mobiler Clients u. v. m. Kurz: Das Lösungsbuch für Admins!

Das Buch wendet sich konsequent an professionelle Anwender. Ein solides Handbuch für Administratoren und IT-Berater. PC WELT

ISBN 978-3-8362-1501-5
www.galileocomputing.de/2242

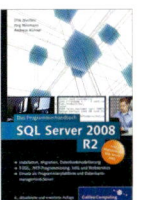

1.215 S., 4. Auflage
2011, 59,90 Euro

dotnetpro
Buchtipp!

Dirk Mertins, Jörg Neumann,
Andreas Kühnel
SQL Server 2008 R2
Das Programmierhandbuch

Das Buch gehört für mich eindeutig zu den besten deutschsprachigen SQL Server 2008 R2-Kompendien. Der Leser erhält einen rundherum gelun-genen Überblick über die Programmie-rung. Die Autoren beginnen mit der Installation, gefolgt von der Daten-modellierung und T-SQL-Entwicklung hin zu .NET CLR und XML-Themen und enden bei der Datenzugriffspro-grammierung. InsideSQL.org – Frank Kalis

ISBN 978-3-8362-1693-7
www.galileocomputing.de/2503

598 S., 2011, mit
CD, 29,90 Euro

dotnetpro
Buchtipp!

Daniel Caesar, Michael R. Friebel
Microsoft SQL Server 2008 R2
Schnelleinstieg für Administratoren und Entwickler

Egal, ob Sie SQL Server administrieren oder sichere Anwendungen dafür entwickeln wollen: Sie beherrschen schnell zentrale Themen wie Server-sicherheit, Hochverfügbarkeit und Ska-lierbarkeit oder wichtige Grundlagen in T-SQL, Powershell und Scripting.

Ein gelungener Gesamtüberblick, der die wichtigsten Möglichkeiten in einfacher und verständlicher Form abdeckt. dotnetpro, 04/2011

ISBN 978-3-8362-1596-1
www.galileocomputing.de/2344

456 S., 2011, mit
Poster, 59,90 Euro

msdn
Buchtipp!

Markus Widl
BizTalk Server 2010
Administration, Entwicklung und Einsatz

Ob Sie Anwendungen für BizTalk Server programmieren oder ihn administrieren wollen – mithilfe leicht nachvollziehbarer, sofort einsetzbarer Praxisbeispiele setzen Sie Ihre Projekte mit BizTalk Server künftig noch schnel-ler um. So optimieren Sie die Integra-tion, Verwaltung und Automatisierung von Geschäftsprozessen.

ISBN 978-3-8362-1545-9
www.galileocomputing.de/2311

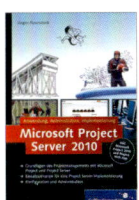

869 S., 2010,
49,90 Euro

Buchtipp!

Jürgen Rosenstock
Microsoft Project Server 2010
Anwendung, Administration, Implementierung, Inkl. Microsoft Project 2010 und Project Web App

Wer auf der Suche nach einem deutschsprachigen Gesamt-Leitfaden zur Einrichtung, Nutzung und Wartung von Microsoft Project 2010 ist, für den führt derzeit kein Weg am gleich-namigen Buch vorbei. Aufgrund seiner projekterfahrenen Autorenschaft wird kein Fallstrick bei der Nutzung übersehen. CHIP

ISBN 978-3-8362-1539-8
www.galileocomputing.de/2306

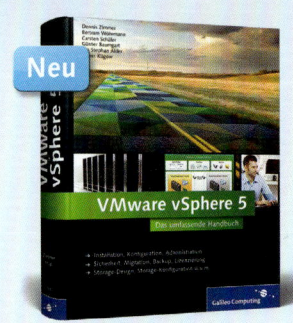

Neu

Zimmer, Wöhrmann, Schäfer, Baumgart, Kügow, Alder, Brunner

VMware vSphere 5

Buchtipp!

Das umfassende Handbuch

▶ Installation, Konfiguration, Administration
▶ Sicherheit, Migration, Backup, Lizenzierung, Desktopvirtualisierung
▶ Storage-Design, Storage-Konfiguration u. v. m.

Wenn Sie Ihre IT-Infrastruktur mit vSphere 5 noch effizienter auslasten, einfacher administrieren und so Kosten sparen wollen, dann ist dieses Buch Ihr unverzichtbarer Begleiter! Sie profitieren von umfassendem Expertenwissen, z. B. zum Umgang mit vCenter, zu Ausfallsicherheit, Planung u. v. m.

Das Buch ist eine wahre Fundgrube an Wissen. Bei Konfigurationsbeschreibungen, wo möglich, werden neben der grafischen Variante auch Kommandozeile oder Skript angegeben. Für VMware-Admins ist das Buch im Moment das Standardwerk zu vSphere.
IT-Administrator zur Vorauflage

1.080 S., 2. Auflage 2012, 89,90 Euro
ISBN 978-3-8362-1847-4
www.galileocomputing.de/3000

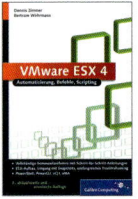

Dennis Zimmer, Bertram Wöhrmann

VMware ESX/ESXi 4

Automatisierung, Befehle, Scripting

Administrieren Sie mit diesem Buch ESX-/ESXi-Server besonders effizient! Arbeiten Sie mit ESX-, Linux- und PowerCLI-Befehlen, und erledigen Sie auch ohne Skriptkenntnisse Aufgaben wie Installation, Konfiguration, Protokollauswertungen, Fehlersuche, Sicherung u. v. m. noch schneller.

Das Buch ist vor allem als Nachschlagewerk für die tägliche administrative Arbeit geeignet. Entwickler Magazin

687 S., 3. Auflage 2010, 69,90 Euro

entwickler
Buchtipp!

ISBN 978-3-8362-1644-9
www.galileocomputing.de/2427

Nico Lüdemann

Citrix XenApp 6 und XenDesktop 5

Das Praxishandbuch für Admins

Dieses Buch bietet eine detaillierte Anleitung für die optimale Konfiguration und die Administration von Citrix XenApp 6 und Citrix XenDesktop 5. Verwaltungsstruktur, Installation, Konfiguration und das Zusammenspiel der beiden Produkte werden ausführlich erläutert.

Das Buch kann als Standardwerk zum Thema bezeichnet werden.
IT-Administrator zur Vorauflage

608 S., 4. Auflage 2011, 59,90 Euro

administrator
Buchtipp!

ISBN 978-3-8362-1667-8
www.galileocomputing.de/2465

Neu

Kai Surendorf

OS X Lion

Das umfassende Handbuch

Mit diesem Buch lernen Sie, OS X Lion optimal zu bedienen und zu konfigurieren, Netzwerke und Drucker zu administrieren sowie Aufgaben zu automatisieren und Probleme selbstständig zu lösen.

Ein umfangreicher Schmöker zu Mac OS X Lion, mit dem der Galileo-Verlag erneut seine Qualität beweist.
Mac Life

987 S., 2012, 39,90 Euro

MAC L!FE
Buchtipp!

ISBN 978-3-8362-1791-0
www.galileodesign.de/2663

Neu

Kai Surendorf

OS X Lion und UNIX

Automatisierung, Administration, Netzwerke

Kai Surendorf führt OS X-Nutzer in die produktive Arbeit mit »Darwin«, dem UNIX-Kern ein. Das Buch behandelt alle Aspekte, die der OS X-Nutzer wissen muss, um die faszinierende UNIX-Seite seines Betriebssystems effektiv nutzen zu können.

»Das Referenzwerk«
Allan Schmid, brainworks Training GmbH

550 S., 6. Auflage 2012, mit Referenzkarte, 44,90 Euro

ISBN 978-3-8362-1792-7
www.galileodesign.de/2664

454 S., 2011,
49,90 Euro

Buchtipp!

Oliver Liebel

Linux Hochverfügbarkeit
Einsatzszenarien und Praxislösungen

Profitieren Sie als Administrator von den praxiserprobten Setups und dem technischen Background des Autors.

Ein wirklich lohnenswertes Buch für Linux-Admins im Unternehmen. Der Autor beschreibt unterhaltsam und sehr informativ viele Details zum Aufbau lokaler oder netzwerkbasierter Hochverfügbarkeits-Systeme und spart nicht mit Praxisbeispielen. SearchSecurity

ISBN 978-3-8362-1339-4
www.galileocomputing.de/1999

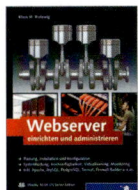

497 S., 2. Auflage
2011, mit CD,
39,90 Euro

Buchtipp!

Klaus M. Rodewig

Webserver einrichten und administrieren

Das Buch unterstützt Sie bei der Planung, Installation und Konfiguration eines eigenen Webservers auf der Basis des Betriebssystems Linux.

Egal, ob der Leser Anwender oder IT-Administrator im Webserver-Bereich ist: Die Inhalte dieses Buches halten die Versprechen auf dem Klappentext ein. Am Aufbau der sauberen Darstellung und dem hohen Praxisbezug gibt es nichts auszusetzen. IT-Administrator

ISBN 978-3-8362-1708-8
www.galileocomputing.de/2529

925 S., 2011, mit
DVD, 39,90 Euro

Buchtipp!

Arnold Willemer

Linux-Server einrichten und administrieren mit Debian 6 GNU/Linux

So richten Sie mit Debian GNU/Linux erfolgreich einen Server ein. Zahlreiche Workshops zeigen Ihnen praxisnah den Einsatz als Backoffice- oder Root-Server, als Gateway oder Security-Server u. v. m. Lernen Sie alle Anwendungsbereiche kennen und erlernen Sie ganz nebenbei die Grundlagen einer Linux-Administration.

ISBN 978-3-8362-1653-1
www.galileocomputing.de/2443

Neu

1.024 S., 4. Auflage
2012, mit DVD,
49,90 Euro

Buchtipp!

Sascha Kersken

Apache 2.4
Das umfassende Handbuch

Das deutschsprachige Standardwerk zu Apache! Neben den Grundlagen der Konfiguration und Anwendung werden alle Optionen umfassend dargestellt. Auch zu allen professionellen Themen und Neuerungen von Apache 2 wie Multiprotokollsupport, Load Balancing, Entwicklung von eigenen Modulen, CGI, PHP und Tomcat finden Sie Hilfe.

ISBN 978-3-8362-1777-4
www.galileocomputing.de/2632

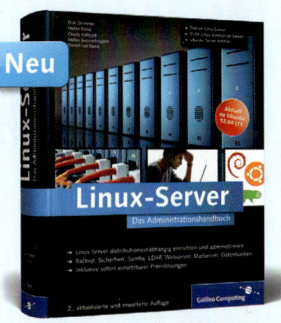

Neu

1.100 S., 2. Auflage 2012, 49,90 Euro
ISBN 978-3-8362-1879-5, Juni 2012
www.galileocomputing.de/3051

Deimeke, Kania, Kühnast, Semmelroggen, van Soest

Linux-Server
Das Administrationshandbuch

Buchtipp!

▸ Linux-Server distributionsunabhängig einrichten und administrieren
▸ Backup, Sicherheit, Samba, LDAP, Webserver, Mailserver, Datenbanken
▸ Inklusive sofort einsetzbarer Praxislösungen

Der »Kofler« war jahrelang das Synonym für die beste deutsche Publikation zum Thema Linux. Doch im Kofler blieben einige Fragen, die insbesondere im professionellen Bereich relevant sind, offen. Das Autorenteam hat sich zur Aufgabe gestellt, den Administratoren eine neue Bibel zu schenken. Der

Lektor schreibt: »Es geht nichts über ein Buch, in dem man zuverlässige Informationen darüber erhält, wie eine benötigte Lösung in die bestehende Infrastruktur optimal implementiert, konfiguriert und sicher administriert wird.« Mit einem Nicken bleibt dem nichts hinzuzufügen. IT-Administrator

Johannes Plötner, Steffen Wendzel

Linux

Das umfassende Handbuch

▶ Grundlagen, Praxis, Kommandoreferenz
▶ Linux als Workstation: Multimedia, Office, GNOME, KDE, X11
▶ Kernel, Shell, Netzwerk- und Systemadministration, Sicherheit, Programmierung

Dieses Handbuch bietet Ihnen nahezu vollständiges Linux-Wissen. Es erklärt, wie man Linux als leistungsstarke Workstation nutzen kann und widmet sich ausführlich professionelleren Themen wie Administration des Systems, Shell, Netzwerkkonfiguration und Sicherheit.

Linux – das umfassende Handbuch bietet sehr viele Inhalte rund um die Linux-Welt. Es gibt wohl kaum ein Bereich, der nicht zur Sprache kommt. Ich halte das Buch für eine großartige Leistung.

ubuntublog.ch, Roman Hanhart

1.282 S., 5. Auflage 2012, mit 2 DVDs,
49,90 Euro, ISBN 978-3-8362-1822-1
www.galileocomputing.de/2963

Jürgen Wolf

Linux-UNIX-Programmierung

Das umfassende Handbuch

Von E/A-Funktionen, Attributen von Dateien und Verzeichnissen, dem Zugriff auf Systeminformationen über Prozesse und Dämonprozesse, Signale, Interprozesskommunikation und Threads bis hin zu Netzwerkprogrammierung und Devices – Sie werden zuverlässig und praxisnah informiert.

1.247 S., 3. Auflage
2009, mit CD,
49,90 Euro

ISBN 978-3-8362-1366-0
www.galileocomputing.de/2049

Jürgen Wolf

Shell-Programmierung

Das umfassende Handbuch

Die Shell-Programmierung ist das ABC eines jeden Linux-Anwenders und System-Administrators. Dieses umfassende Handbuch bietet alles, was man zur Shell-Programmierung wissen muss.

Der Leser bekommt ein Werk zur Shell-Programmierung, das sich auch für Anfänger eignet. Jürgen Wolf bringt viele verständliche Beispiele.

Linux Magazin

808 S., 3. Auflage
2010, mit CD,
39,90 Euro

Buchtipp!

ISBN 978-3-8362-1650-0
www.galileocomputing.de/2440

Bestellen Sie beide Bücher im Bundle für 59,90 Euro

ISBN 978-3-8362-1786-4
www.galileocomputing.de/2895

Linux
Professional
Institute

Neu

Harald Maaßen

LPIC-1

Sicher zur erfolgreichen Linux-Zertifizierung

Wer bereits vorhandene Linux-Kenntnisse vertiefen und/oder sich auf die LPIC-Prüfung vorbereiten will, für den ist dieses Buch goldrichtig. Lobenswert: Das Buch ist durchwegs distributionsunabhängig geschrieben.

PC WELT

550 S., 3. Auflage
2012, mit DVD,
34,90 Euro

ISBN 978-3-8362-1780-4
www.galileocomputing.de/2653

Neu

Harald Maaßen

LPIC-2

Sicher zur erfolgreichen Linux-Zertifizierung

So gehen Sie optimal vorbereitet in die Prüfung: Harald Maaßen erklärt alle Prüfungsziele und gibt Tipps zu häufigen Stolpersteinen in der Prüfung. Mit dem Prüfungssimulator können Sie Testprüfungen mit Zeitvorgabe ablegen.

550 S., 2012, mit
DVD, 39,90 Euro

ISBN 978-3-8362-1781-1, Juli 2012
www.galileocomputing.de/2886

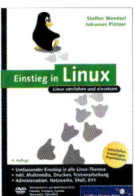

Steffen Wendzel, Johannes Plötner
Einstieg in Linux
Linux verstehen und einsetzen

Dieses Buch ist für Linux-Einsteiger geeignet, die etwas wissen wollen über die Bedienung gängiger Anwendersoftware unter Linux (wie OpenOffice.org, LaTeX, KDE u. v. m.), aber auch keine Angst haben vor Administration, Shell oder der Netzwerkkonfiguration. Sie bekommen praktisches Wissen, das sie befähigt, sicher mit Linux zu arbeiten.

ISBN 978-3-8362-1606-7
www.galileocomputing.de/2381

424 S., 4. Auflage
2010, mit DVD,
24,90 Euro

Heike Jurzik
Debian GNU/Linux
Das umfassende Handbuch

Dieses Buch ist der ideale Begleiter. Mit vielen Tipps und Schritt-für-Schritt-Anleitungen sind Sie auch bei der professionellen Anwendung optimal beraten!

Das Buch führt den Leser Stufe für Stufe nach oben auf dem Weg zum Debian-Experten. Die Autorin gestaltet ihre Erläuterungen dabei gut nachvollziehbar. Aufgrund des Umfangs entstand so nebenbei ein aktuelles Referenzwerk. IT-Administrator

ISBN 978-3-8362-1694-4
www.galileocomputing.de/2510

786 S., 4. Auflage
2011, mit DVD,
39,90 Euro

Buchtipp!

Marcus Fischer, Christoph Langner
Ubuntu GNU/Linux
Das umfassende Handbuch

Kompetent und leicht verständlich vermittelt Ihnen das Handbuch zur Version 12.04 LTS »Precise Pangolin« wertvolles Ubuntu-Know-how. Von der Installation und Konfiguration über Paketverwaltung und Shell bis hin zu Kernelkompilierung, Virtualisierung und Serverbetrieb: alle wichtigen Themen werden Ihnen optimal vermittelt. Mit über 300 Praxistipps.

ISBN 978-3-8362-1945-7
www.galileocomputing.de/3151

1.120 S., 7. Auflage
2012, 39,90 Euro

Dirk Becker
OpenVPN
Das Praxisbuch

Mit diesem Buch bauen Sie Schritt für Schritt Ihr VPN-Netzwerk auf, konfigurieren und verwalten es. Ob bewährte Konfigurationen, sofort einsetzbare Skripte oder fertige Lösungen im Fehlerfall: So machen Sie OpenVPN zur rundum sicheren Sache.

Kurz, knapp und präzise gibt der Autor eine Anleitung für den Umgang mit OpenVPN. IT-Administrator

ISBN 978-3-8362-1671-5
www.galileocomputing.de/2466

296 S., 2. Auflage
2011, 39,90 Euro

Buchtipp!

Profiwissen zu Excel

Stephan Nelles
Excel 2010 im Controlling
Das umfassende Handbuch

Praxislösungen für Controller: Von Diagrammen, Datenimport und Pivot-Tabellen über Unternehmensplanung und alle wichtigen Kennzahlen bis hin zu OLAP-Cubes und VBA finden Sie hier alle relevanten Themen. Anschauliche Beispiele stellen dabei sicher, dass Ihnen die Umsetzung in Ihren eigenen Projekten sicher gelingt!

ISBN 978-3-8362-1531-2
www.galileocomputing.de/2289

958 S., 2011, mit
DVD, 39,90 Euro

Thomas Theis
Einstieg in VBA mit Excel
Für Microsoft Excel 2002 bis 2010

Thomas Theis vermittelt das Wissen nicht nur über Text, sondern arbeitet zur näheren Erläuterung viel mit Screenshots und natürlich Codezeilen. Der Autor versteht es, in verständlichen Worten komplexe VBA-Inhalte auch für Nicht-Programmierer optimal zu transportieren. Ein Buch, das optimal für sonst nur Office-Anwender geeignet ist. Mediavalley

ISBN 978-3-8362-1665-4
www.galileocomputing.de/2454

415 S., 2. Auflage
2010, mit CD,
19,90 Euro

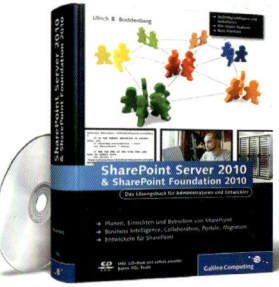